Johannes Agricola • Martin Luther
Sprichwörter

Wir mussen
die spruchwörter
erretten.

Sprichwörter und
volkstümliche Redewendungen von

Johannes Agricola
und
Martin Luther

Ausgewählt und bearbeitet von
ROSE-MARIE KNAPE
und
GUNTER MÜLLER

VERLAG JANOS STEKOVICS 1996

Die Herausgeber danken der Bundesrepublik Deutschland und dem Land Sachsen-Anhalt für die freundliche Unterstützung.

Sibenhundert

vnd funfftzig Deutscher

Sprüchwörter / ernewert /
vnd gebessert /

Durch
Johan. Agricola.

Mit vielen schönen lustigen vnd nützlichen Historien vnd
Exempeln erkleret
vnd ausgelegt.

Wittenberg /
Gedruckt durch Hans Kraffts Erben
Anno 1582

Johannes Agricola
Eisleben.

Wiewol ich hette leiden mögen / das diese sprüchwörter weren gar zu boden gangen / sintemal diese böse welt alles so gnaw sucht / das sie auch alle wort / so einem vnterweilen vnuersehens on allen falsch entfallen / auffklaubet / vnd auff die goldtwagen leget vnd weget. Hette ich / auch gern den vers gesungen / Emendare potest vna litura librum So ich aber befinde / das es nicht alles so gar böse vnd vntüchtig ist / wie es etliche machen / hab ichs wöllen widerumb zusamen fassen / vnnd durch den druck ausgehen lassen. Ich wil auch folgender zeit etliche mehr hinzu thun / Denn ein ding zuuerachten / ist bald geschehen / aber nachthun ist kunst / Vnd ist war wie man sagt / Können wir nicht alle tichten / so wöllen wir doch alle richten.

Vorrede.

Wie schwer es ist / Deutsche Sprüchwörter nicht allein zuschreiben / sondern auch zudeuten / wissen die wol / welchen kund ist / das wir Deutschen kein Schrifft haben / darinne solches zuuorhin angezeigt oder gelert worden were. Erasmus von Roterodam hat aus den Schreibern vnnd Lerern Griechischer vnnd Lateinischer Sprach einen grossen hauffen zusamen gelesen / wir Deutschen aber haben so viel vortheils nicht. Renner / der gelebt hat Anno M.CCC. sagt vom Creck / Ywan / Tristrand / König Rucker / Partzinal / vnd Wiglois / Wir kennen sonst den alten Hildenbrand / Dietrich von Bern / Herr Ecken / König Fasolt / Risen Signot / den edlen Moringer / Ritter Pontus / vnd was die Taffelrunde vermag. Es ist gerühmet Freydanck / Ritter vom Thurn / Marcolphus / die Sieben Meister / vnd was bey vnserm gedencken ist new worden / Centinouella / das Narrenschiff Sebastian Brands / der Pfaff vom Kalenberg / Vlenspiegel / vnd Thewerdanck. Aber bey den Alten ist kein hülffe Sprüchwörter zuholen. Dieweil es aber schwer ist / wil ich gebeten haben jedermenniglich / man wölte mir zugut halten / ob ichs vnterweilen nicht schnur gleich treffen würde / Ja ich wil jedermenniglich bitten / vmb aller Deutschen ehre vnd trew willen / es wölle zu diesem werck helffen wer da kündte / denn wir allesampt werden zuschaffen gnug haben / auff das wir ja Deutsche Sprach auffbringen / Es mus eins dings ein anfang sein / vnd ein anfenger ist aller ehren werd. Ich hab der Deutschen Sprüchwörter verzeichnet vngefehrlich in fünfftausent oder drüber. Ich hab aber jr auff dis mal nicht mehr denn siebenhundert künnen auslegen / dieweil ich hierüber allein nicht bleiben kan / Dis sol aber ein Prob sein / dadurch wir lernen mögen / was Deutschland hieuon wölle richten / wirds gerathen / so sollen die andern hernacher folgen / wo nicht / so thu es ein ander / der es besser kan.

Warzu die Sprüchwörter dienstlich seind,

Von anbegin der Welt haben die Weisen Leut alle Gesetz vnd Rechte in kurtze wort verfasset / auff das man sie leichtlich behalten kündte. Gott gabe den Jüden viel Gesetze / aber er fasset sie alle in ein kürtze / nemlich in zehen stück / darinn nichts vergessen ist alles des / das ein Mensch Gott vnd den Menschen schüldig ist zuthun. Die Heiden haben jr Natürlich recht in drey ding gefasset / Das erste / ist erbarlich leben / Das ander / niemand beschedigen / Das dritt / einem jeden geben vnd thun was jm von recht gebüret. Die Griechen haben gehabt nicht mehr denn zwölff Taffeln / darinnen alle jre Recht gefast waren. Socrates / Pythagoras / haben wenig wort geredt / aber viel meinung. In verkauffen und kauffen / das doch weitleufftig ist / haben sie ein Regel gehalten / Inter bonos bene agier oportet, Es soll ein from Mann ehrlich mit dem andern handeln. Solon ward gefragt / warumb er kein Gesetz gemacht hette / wie mans halten solt mit dem der seinen Vater erwürget hette / sagt er / Er hette nicht gemeint / das jemand so boshafftig sein würde / vnd ein solche vbelthat begehen. Summa / Je mehr Gesetze / je mehr vntugend. Zu dem / Je frömmer die Leute gewesen sein / je weniger Gesetze sie bedurfft haben / haben auch gantz einfeltig geredt / vnd einfeltige schlechte wort gebraucht / Vnd noch heute bey tag findet sichs also / das fromme erbare leute wenig wort machen / Aber finantzer vnnd betrieger machen viel wort vnd meinens nicht. Der alte Cato hat zu Athen Lateinisch geredt mit guten kurtzen worten vnd schlüssen. Da aber der Verdolmetscher Catonis wenig wort mit viel vmbstenden reden muste / wuchs ein Sprüchwort zu Athen / das den Römern die wort im hertzen / den Griechen aber allein im mund wüchsen. Also haben vnsere alte Deutschen einfeltig geredt / vnnd wenig wort gebraucht / auch wenig Gesetz gehabt. Aber wie Cornelius Tacitus von jnen schreibt / so hat bey den Deutschen trew vnd glauben mehr golten on viel Gesetze / denn bey den Römern / die viel Ordnung vnd mancherley

Gesetz hatten. Golt ist klein / aber es gilt viel / klein gering müntz ist viel / aber sie gilt wenig / Also gelten auch wenig viel Gesetze vnd viel wort.

Ein vass voller Weins klingt nicht sehr / aber es hat viel in sich. Herwiderumb ein leer vass klingt feindlich / vnd hat nichts in jm. Derhalben seind vnsere alte Deutschen Golt gewesen / denn sie haben ehrlich vnd trewlich gehandelt / mit wenig worten vnd Gesetzen / Wir seind leider jetzt geringe Müntz worden / vnnd halten wenig mit viel worten vnd Gesetzen. Florus schreibt das vnsere alte Deutschen nach dem todt Drusi Germanici der Römer Hauptman / welcher sie hat wöllen mit Gesetzen vnd gerichts zwang regieren / mit allen den seinen ermordet haben / jnen die zungen ausgeschnitten / vnd gesagt / Sibila nunc vipera, Du schlang / zische nu mehr / Damit erweiset würde / das vnsere vorfahren schlecht vnd gerecht / vnd auffgericht mit allen dingen seind vmbgangen / Denn in kurtze schlüsse haben sie das leben der Menschen / als in kurtze Regeln verfasset. Wider die bauch-sorge haben sie gesagt / Gott bescheret vber nacht. Item / Gott hat mehr denn er je vergab. Von der Trew vnd vntrew haben sie gesagt / Getrewe hand geht durch alle land. Vntrewe hand gehet hin / kompt aber nicht herwider. Von der messigkeit in allen dingen zuhalten / sagen sie / Schnell rath nie gut ward / Zuuiel zerreisst den sack / Mas ist zu allen dingen gut / Zuuiel ist vngesund / vnd also fort von allen guten vnd bösen dingen. Zum guten werden wir gereitzt / vnd für dem bösen gewarnet / wenn man sagt / Wer recht thut wirds finden / wer vnrecht thut wirds auch finden / Wie einer thut / so sagt man jm nach / Das werck lobet seinen meister / Recht findet sich / Es ward nie so klein gesponnen / es kam an die Sonnen etc.

Deutsche Sprüchwörter

❧

von
Johannes Agricola

Gottes freund / vnd aller Menschen feind.

Man hat leut funden bey vnsern Deutschen / die sich geschrieben haben / Gottes freund / vnd aller menschen feind / Das seind Leutfresser vnd Tyrannen. Dieser rhum aber zeiget an ein forcht für Gott / nicht Gottes freundschafft / Darumb seind die freilich auch gewesen Gottes vnd der Menschen feind / die nach grosser gewalt gestanden haben / vnd haben derselbigen viel wöllen haben / es verdrüsse Gott oder die Welt.

...

Wir Deutschen / Dietrich von Bern / Risen Signot / Herr Ecken / König Fasolt / Hildebrant / Fraw Rutze / Diese alle seind schendlich erwürget vnd vmbkommen / nach dem / als es den leutfressern vnd mördern eigent / Denn es sol kein Tyrann eins rechten todes sterben.

...

Was von Himel fellet / das schadet niemands.

Wiewol die kinder im schertz also sagen / wenn sie einen stein in die lufft werffen / dauor sich die andern fürsehen müssen / so ists doch eigentlich war / Denn vom Himel kompt liecht / werme / hitz / taw / regen / schön wetter / vnd alles guts. Zu dem / dieweil der Himel Gottes Sitz ist / wie Christen vnd Heyden bekennen / so ists alles gut was vom Himel / das ist / aus Gottes willen vns widerfehret / ob es vns wol bös düncket / Denn im vnglück trösten sich die Heyden also / Durate & vosmet rebus seruate secundis, Das ist / Es wird besser werden / haltet hart / Nim an wie es Gott mit dir schickt / es ist vmb ein böse stund zuthun / darnach wirds besser. Grata superueniet, quae non sperabitur hora. Such das wort / Ein Christ sol arbeiten als wolt er ewig leben.

Wozu jeder luſt vnd liebe hat / des bekompt er ſein lebenlang gnug.

Ein jeglicher Mensch hat aus angeborner art zu einem ding mehr lust / denn zum andern. Also einer hat lust zu mahlen / der ander zu Pferden / der dritte zu Weibern / zu ehr / zu gut / zu pracht / zu diesem / zu jhenem / Vnd wiewol der mensch voller lüst ist / so schwebt doch ailzeit eine oben / vnd vbertrifft die andern lüste / treibet vnd übet jn auch allermeist dahin vnd zu dem / darauff die lust gerichtet ist / also / das der Mensch dieser lust folgen mus / sie gerathe gleich zu glück oder zu vnglück / zum leben oder verderben. Dieses alles leret die tegliche erfarung.

...

Wer leichtlich glaubt / wird leichtlich betrogen.

Es hat von anbegin leichtlich glauben nie gut gethan / denn man sihet in aller Welt wie in sonderheit das Weibervolck leichtlich betrogen vnnd verfüret wird / es gibt sich in gefahr ehren vnnd guts / wenn man jm ein gut wort sagt.

Vntrew wird gern mit vntrew bezalet.

Wer vntrewlich handelt / dem geht es ein weil zu gut / aber endlich lont die untrew selbs dem der sie übet vnd treibet. Ahitophel war bey Dauids zeiten gehalten wie ein Engel Gottes / also viel galt sein Rathschlag. Dieser Ahitophel riethe Absalom / das er sich solt auffrhürisch wider seinem Vater Dauid auff lehnen / vnd selbs König werden / Auch solt er im ansehen des Volcks bey seines Vaters Kebsweibern schlaffen / etc. Endlich aber bliebe Absalom hangen an einem bawm mit seinen haaren / vnd ward mit dreyen lantzen durchstochen. Ahitophel hieng sich selbs / vud starbe jemmerlich. Darumb singt Freydanck also.

Ehr vnd trewes hertz besteht /
So falsch vnd vntrew zergeht.

Wo vnser HErrgott ein Kirchen hin bawet /
da bawet der Teuffel auch ein Wirtshaus daneben.

Dieses Sprüchwort ist erwachsen aus dem Teuffelischen misbrauch
der Kirchweihung / Feldtteuffel / Walfarten vnd Ablas. Gott lesst
durch den heiligen Geist sein Kirch / die an jn glaubt / regieren /
vnd gibt jr kein ander malzeichen / denn sein Wort von vergebung
der Sünden / Das / wer gnad bedarff / wo / wenn / vnd so offt er
wil vnd begert / so offt sol es jm widerfaren. Bey dieser Kirchen /
die kein sonderlich ort noch zeit hat / bawet der Teuffel einen
nobis krug / vnd bindet die macht / Sünde zuuergeben / allein an
den Bapst / vnd gen Rom / da macht er jm ein eigen Volck / Münch
/ Pfaffen / Nonnen / denen schencket er ein / die zechen vnd
werden voll / vnd die schencken hernach die gifft in aller
Menschen gewissen / vnd verfüren also die Welt. Zu dem / so ists
in der that auch also / das / Wo die Walfarten vnd Feldteufel seind /
...
/ da ist es alles auff fressen vnd sauffen / krüge vnd herberg
zugericht.
...

18

Der Teuffel ist vnsers HErrgotts Affe.

Dis ist den vorigen zweien schir gleich / Denn was der Teuffel sihet
von vnserm HErrn gott / das wil er bald nachthun / wie ein
Affauch pflegt / vnd kan doch nicht das er sihet der gestalt nach
thun / wie ers gesehen hat.

...

Es ist nicht alles Gold das da gleisset.

Golt ist das edelste metall auff Erden /

...

/ Dem Gold wird verglichen dz (das) beste auff Erden / als ehr /
redligkeit / tugend / frömbkeit / erbarkeit / vnd alles was gut ist
auff Erden. Zu dem / so hat messing wol ein schein als das Gold /
von ferrem hinzu / vnnd ist in Deutschen landen den Goldschmiden
verbotten Messing zu vbergülden / denn es macht gros triegerey
vnter den leuten / die offt vergüldet Messing für gut gold würden
ansehen. Also gleisset in eusserlichem ansehen offt etwas / als were
es rein lauter gold / aber im grund ists eitel betrug. Wenn wir nu
jemand warnen vor einem andern / des böse tück wir nicht melden
wöllen / so sagen wir / Es ist nicht alles gold das da gleisset / das
ist / hüte dich vor jm / er wird dich betriegen.

...

Wem nicht zu rathen steht /
dem steht auch nicht zuhelffen.

Wir Deutschen sagen also / Rath geht vor der that / Wer da was anfahen wil / der mus zuuor rath darob nemen / entweder bey jm selbs / oder sonst bey andern leuten / ehe denn er zur that greiffet / Folget er raths / so ist jm geholffen / folget er nicht raths / so kan jm niemand helffen / Es verleuret mancher sein gut durch fewr / oder sonst durch Gottes schickung / Den Rath aber / wie er widerumb zu gütern kommen sol / hat er noch bey sich / vnd dieweil der bleibet / so ist jm schon geholffen.

Grosse wort / vnd nichts dahinden.

Gemeiniglich ists also / das die Bocher vnnd Schnarcher viel ausrichten mit dem maul / vnd wenns zun streichen kompt / so werden sie geschlagen / also das die erfarung zeuget / Es sey nichts mit den grossen Schnarchern vnnd Gruntzern / es seind wort die sie treiben / vnd sonst nichts.

Spötter essen auch brot.

Dieser rede brauchen die / so von andern gespottet werden / vnd verstehn / das man sie meine. Denn leute seind es die es thun / darumb essen sie auch brod.

Hoffart thet nie kein gut.

Hoffart vnd vbermut ist allezeit von anbegin der Welt höchlich gestrafft worden / also das / was sich aus einem vbermut vber ander leute erhebet / das mus herunter / es geschehe vber kurtz oder vberlang. Hoffart sties die edelste Creatur / den Engel Lucifer aus dem Himmel / Adam vnd Eua aus dem Paradiss / die Jüden aus jren Königreichen vnd Herrschaften / die Römer von landt vnd leuten. In summa / Alle Königreich vnd Herrschaffte seind durch vbermut vnd verachtung anderer leute zertrennet vnd verdorben. Woher kommen alle kriege vnd empörung / denn das eins dem andern nicht wil einreumen vnd weichen?

Freydanck sagt.
Wer fliegen wil der fliege also /
Weder zu nider noch zu hoch /
Das jm zuletzt nicht geschehe also
Als Phaeton vnd Icaro /
Von hoffart ward der erste fal
Der je von Himel fiel zuthal.

Gut macht mut.

...

Denn wo gut ist / da ist auch mut. Wo kein gut ist / da ist auch wenig mut / Wo mut ist / da ist auch hoffart / aus hoffart wechset krieg / krieg macht armut / armut macht bettler.

...

Denn wo man feste heuser vnd vorrath von gelde hette / vnd sein nachbawr thet jm einen verdries / so würde er sich bald auff sein gelt vnd feste Schlösser verlassen / krieg anfahen / vnd vnglück anrichten / so doch gelt vnd feste Schlos im kriege alles zu wenig were / vnnd kaum gnug / wie man sagt / zum ersten anspannen / ich schweige den krieg zuuolfüren.

...

Also ists war / Gut macht mut / es ist aber nicht gut.

...

Es sagte ein mal ein alter Mann / Wer dreissig gülden hat / vnd ist niemand schuldig dauon / der mag ein wort reden / da ein ander schweigen mus. Also war ist es / das gut macht mut.

Es weis niemand wo einen der schuch druckt / denn der in an hat.

Den schaden empfindet niemand denn der jn tragen mus / vnd darinnen steckt. Zu dem so scheinet ein schuch eusserlich hübsch / gleisset von schwertze / vnnd trucket doch den der jn an hat vbel / welchs ein ander nicht sihet / wiewol der / der jn an hat stil schweigt / so weis ers doch am besten wo er jn druckt. Also weis niemand des andern anligen vnnd notturfft / ein jeder sihet nur auff das sein / es bleib mit dem andern wo es kan. Dieser eigene nutz machet / das man wenig auff eines andern schaden acht hat oder gedenckt.

Selbs ift der mann.

Dis ist ein alt Sechsisch Sprüchwort / Selbs ist der mann. Alle sachen gehn frisch für sich / wenn einer sein sach selbs angreifft / Denn einem jeglichen ist sein eigen sach mehr angelegen / denn eins andern / Darumb ist einer vleissiger vnd embsiger denn ein ander / den sie nicht angeht. Man befihle oder vertrawe andern leuten wie man wil / so geht es doch nit bald also von stat / als wenn er selbs darbey ist / den die sachen angehn. Verlasse sich nur niemand auff ein andern / er thu selbs was er kan / sol jm anders glück vnd heil widerfaren / wie das vorig wort auch geleret hat. Der Herr befihlt dem Knecht das Pferd zufüttern / den Acker zutüngen / vnd andere gewerb auszurichten / Der Knecht sagt allzeit er habs gethan / Sihet aber der Herr nicht selbs darzu / so wird des Pferds offt vergessen / der Acker vngetünget / vnnd der befehl vnausgerichtet bleiben / Sihet er aber zu / so mus der Knecht in allen seinen thun vnd fürnemen ein schew haben / vnnd dester vleissiger vnd embsiger sein in seinem dienst vnd ampt.

Aus viel beuteln ist gut gelt zelen.

Es kompt vielen beuteln die bezalung geringer an / denn so einer allein zalen mus. Es köndten auch viel leut geringern schaden bas vberwinden denn einer allein ein grossen schaden / Darumb wir dis wort darzu gebrauchen / das man zu gleicher zeche / gleich gelt darlege / so kompt sie der schade gleich an / vnd geht nicht allein vber einen / Darumb ist aus vielen beuteln gut zeren.

Wenn dem Esel zuwol ist / so geht er auffs eisz tantzen /
vnd bricht ein bein.

...

Ein Esel ist ein müheselig vnd arbeitsam thier / das da seck tragen
vnd schleg leiden mus / also das es vbel jsset / nicht viel vrsachen
hat geil zuwerden / Noch wenn dem Esel zuwol ist / so gumpet er.
Auffs eiss tantzen gehn / ist auch fast gferlich / denn auff dem eiss
ist bös tantzen / dieweil es kein vnterzug oder balcken hat. Es ist
auff dem eiss glat / vnd man fellet leichtlich / das es also viel gesagt
ist / Wenn dem Esel zu wol ist / so geht er auffs eiss tantzen / als
wolt ich sagen / Wem zuwol ist / der ringt nach vnglück / denn
woltage seind fehrlicher vnd schwerer zutragen denn böse tag.
Salomon sagt / Es ist besser zugehn in das haus des trawrens / denn
in das haus des wollebens.

Es ist besser ein Sperling in der hand /
denn ein Kranch auff dem dach.

Was ich zugegen gewis hab / dafür darff ich nicht sorgen / wie ichs vberkomme / Vnnd ist ein grosse torheit / gewiss mit vngewiss wechseln / wie gering auch das gewis sey. Terentius sagt / Spem precio non emo. Ich nehme was mir werden mag.

Morgen kömpt tag vnd rath.

Hie schleusst sichs aber / das man in keiner sachen eilen sol /
sondern des andern tags erwarten / denn der morgend tag bringt
rath mit jm. Wem ein sach fast anligt / der kan am ersten anlauff
/ seiner schwacheit halben / kein rath noch mittel finden / es ist
jm gantz bange / er hoffet / er fürchtet sich / er ist voller sorgen vnd
angst / darumb ist jm zurathen das er still halte / morgen kompt
tag vnd rath / was heut nicht da ist / das wird morgen da sein.
Christus sagt im Euangelio also / Ir solt nicht sorgen für den
morgen tag / denn ein jeglicher tag bringt sein vbel mit jm. Wenn
der tag kompt / so kompt mit dem tag auch was wir thun sollen /
vnd wie wir vns denselbigen tag halten sollen.

Wer seinen Eltern nicht volget noch gehorchet in der jugend / der mus dem Sencker volgen vnd gehorchen im alter.

Die erfarung leret es vns / wie die vnartigen vnd vngeschlachten Kinder dem Scharffrichter zutheil werden / welche jren Eltern nicht haben wöllen folgen / die müssen dem Hencker nachsprechen / da sie es nicht mit grossem lust thun / Denn da Gott gebeut / man sol Vater vnd Mutter ehren / da thut er hinzu / Auff das sie lang leben auff Erden. Vnd gleich wie Gott segnet die jre Eltern ehren / Also straffet Gott die / so sie vnehren / Jene sollen lang leben / diese sollen bald sterben / auff Reder gelegt / an die Galgen gehenckt / vnd mit dem Schwerdt ermordet werden.

Es ist besser arm mit ehren / denn reich mit schanden.

Wer in der Welt handeln sol / der kan schwerlich vnbetrogen bleiben / oder er mus andere betriegen / So ists auch vnmüglich bald reich zu werden on ander leut schaden / darumb mus dasselbig reichthumb schendtlich sein. Es ist auch etwan also gewesen / das bey den Römern / vnd viel mehr bey vnsern alten Deutschen / die wucher vierfeltige straffe / vnnd ein dieb zur zweyfeltige habe leiden müssen / Jetzt aber gilt es gleich / welcher nur reich ist / er habe es mit ehren oder schanden erlanget.

...

Darzu so treiben meine Herren vom Adel jetzt offentliche kauffhendel / seind darzu wucherer. Es were aber viel besser / das sich die stend hielten nach dem jnen zusteht / ein bawr blieb ein bawr / ein Edelman ein Edelman / ein kauffman ein hendler / so giengen alle ding statlicher an denn also / da ein jeglicher thun mag was jm nur selbs gelüst.

Art lesst von Art nicht /
die katze lesst jres mausens nicht.

...

Ein jung holtz so es krumb wechset / kan man nicht biegen / man vnterstütze es wie man wöll / so wechsets doch krumb. Der katzen art ist / das sie nicht mauset aus hunger / sondern aus lust / also / je mehr man der katzen zuessen gibt / je mehr sie mauset. Also auch was einem Menschen angeboren ist / vnd wazu er von natur geneigt ist / das thut er / vnnd lesst sich hieran nicht hindern / vnd wenn man ein solchen gleich briete / kochte / fresse / doch könte er nicht dauon lassen / so er widerumb lebendig würde.

Freydanck sagt.
Schlieffe ein schalck in Zobelsbalck /
Dennoch wer er drinnen ein schalck.

Ein guter Nachbawr ist ein edel kleinot.

Wer einen bösen Nachbawren hat / der hat einen ewigen zanck vnd hader / also das er zu nacht vnd zu tage auff der grentzen vnnd allenthalben gnug mit jhm allein zuschaffen hat / Dazu kan er sich nicht so wol vor vor jm hüten / er thut jm an seiner ehre vnd gütern schaden / Widerumb so ist ein frommer Nachbawr gar ein edels kleinot / Ja es solt niemand ein kleinot dafür im kasten haben / denn an allen orten hilfft jm sein nachbawr hüten vnnd sorgen / das er ja keinen schaden leide. Vber dis so fürdert jm sein frommer Nachbawr an gut vnd an ehren.
Salomon sagt / Ein Nachbawr ist besser in der nehe / denn ein bruder in der ferre.
...

Ein guter freund ist besser denn silber vnd gold.

In allen anligen vnnd nöten hat einer uflucht zu seinem guten freund / findet auch rath vnd hülff bey jm / welchs er sonst weder bey sylber noch gold findet. So ists auch ein tröstlich ding auff Erden / das wir jemand haben / dem wir vnser anligen trewlich eröffnen / klagen vnnd anzeigen mögen / on schew vnd sorg. Vnd wem ein solcher begegnet / der mag jn wol in ehren halten / denn sie seind seltzam / Gold vnd silber mögen einen wol reich machen / speisen / trencken vnd kleiden / auch vor armut behüten / weil es weret / Aber ein guter freund steht vnd helt bey vns in aller not / es sey gleich gold oder silber da oder nit. Gold vnnd silber kan vns lassen / ein guter freund aber lesst vns nicht / drumb ist er auch besser denn silber vnd gold. Salomon sagt / Das hertz frewet sich der salb vnnd reuchwerck / aber ein freund ist lieblich vmb raths willen der seelen.

Für den todt ift kein kraut gewachfen.

Kreuter dienen für allerley kranckheit / wie die Naturkündiger vnd ertzte sagen / Sie haben gezelet dreyhundert kranckheiten / vnd dagegen getrachtet / wie man sie heile vnnd vertreibe.

...

Aber für den todt findet man kein kraut.

Der todt ist vnsers HErrgotts ordnung / also das einem jeden sein stündlein gesetzt ist / wenn er sterben sol / welches man weder verkürtzen noch verlengern kan.

...

Wenn ein kraut für den todt gewachsen were / so würd es thewr sein / vnnd die reichen würdens allein bekommen vnd keuffen / vnd vor den armen verhalten / vnd würd also ein vngleicheit vnter den leuten. Aber Gott ist ein rechter Richter / thut einem wie den andern / dem reichen wie dem armen / vnnd lesst alle menschen auff Erden sterben / lesst auch kein kraut wachsen / damit man dem todt wehren möcht.

...

Es ist kein Prophet angenem in seinem vaterland.

Die welt siehet allein auff hohe wunderliche seltzame ding / vnnd verachtet schlechte einfeltige ding / sie verachtet auch das damit sie teglich vmbgeht / vnd des sie gewohnet ist. Daher kompt es auch / das man frembden leuten mehr fürderung thut / vnd mehr liebet / denn die bey jnen erzogen seind / es seind gleich die bey jnen erzogen / wie fromb sie wöllen / so helt mans doch nicht dafür / weil man weis / woher sie geboren seind. Also gieng es Christo / Sie wolten jm nicht glauben geben / ob sie wol stützig wurden vber seiner weisheit / weil sie sein vater / mutter vnnd brüder kenneten / vnn bey jnen wohneten.

...

Propheten seind die höchsten wirdigkeit / als denen Gott etwas befilcht der Welt zuverkündigen / noch wird solches verachtet / wo sit zu leuten jhres volcks geschickt werden. Solten die Apostel etwas schaffen / so musten sie vnter den Heyden das Euangelion predigen. Bey den Jüden zu Jerusalem war es nicht gehöret / Denn ein Prophet ist nirgend vnangenemer / denn in seinem Vaterland. Christus ist den Jüden gesendet / aber sie wolten sein nicht / er ist vnangenem.

Eigen lob stinckt.

Freydanck sagt.
Man merckt bald wer sich lobet /
Das er in narrheit wütet vnd tobet.
Sich selber niemand loben sol /
Wer wol thut lobt sich selber wol.

Es ist einem jeglichen Menschen lieber man lobe jn / denn das man
jn schelte. Vnnd kein Mensch ist so demütig / das er nicht wolt
gelobt werden.

Freydanck sagt.
Ein jeglicher mann gern lob vertreit /
Doch schelten thut vns allen leid.

Wenn man die fennen am armbruft zu hart fpannet / fo reiffet fie gern.

Hiedurch wird auch die vbermasse verbotten in allen dingen.

...

Es thut dem Leib vnd der Seelen gut /
Schlaffen / ruhen / vnd ein guter mut.
Vnd wenn mans wil allzuhoch treiben /
So kan weder leib noch seel bekleiben.

Ein stahel ist ein hart ding / vnd das hertest metall auff Erden / aber wenn man jn zu hoch treibt / so springt er / Also ists auch mit allen andern dingen. S. Antonius hat auff ein zeit mit seinen brüdern in der wüsten gesprungen vnd gelauffen / jren leib zubewegen / vnd vor kranckheit zuuerhüten / Da seind andere leut fürüber gezogen / die haben sich sehr vnd hoch geergert / das solche leut also leichtfertig weren. Da das Antonius merckte / hies er den einen / der ein armbrust truge / dasselbige einspannen / vnd da er den bogen einspannet / sprach Antonius / Spanne jn nu höher. Antwort der mann / Bey leib nicht / der boge wird zerspringen / wenn ich jn höher triebe. Warumb ergerst du dich denn / sagt Antonius / an dem das wir hie spielen vnserm leib zu gut / den wir auch verderbten / wo wir jn zu hoch trieben.

...

Wenn die Bürger zum Rathhaus gehn /
so geht der Bawer vor.

Der Römer Cornelius Tacitus schreibt' / wie die alten Deutschen
zerstrewet gewohnet haben in Dörffern / vnd haben wenig Stedte
gehabt / vnd haben sich gesetzt / wo jnen ein Wasser / ein Wald vnd
Brunnen geliebt hat. Aber da die Römer Deutschland erobert /
haben die Deutschen auch auff Mawren vnnd Schlösser getrachtet.
Es ist auff heutigen tage noch gewonheit im gantzen Deutschen
lande / das wenn man die bürger in Stedten zum Rathause berufft
/ also sagt / Wer bawer vnd burger ist / der mache sich herbey / Wer
aber nicht bawer vnd burger ist / der droll sich dauon. Ackerbaw
vnd bawerwerck ist der Teudtschen narung gewesen. Da man die
wal eines Königs vnd Römischen Keisers den Teudtschen geben
hat / seind in Teudtschen landen die Stedte vnd Flecken getheilt
worden / also das ja des bawern nit vergessen würde.
...
Vier seind Vicarien / Brabant / Sachsen / Westereich / vnd
Schlesien. Vier Kronen / Die Krone zu Behem / zu Hungern / zu
Dennmarck zu Polen.
...
Vier Freiherren / Limpurg / Westerburg / Thussis / Alwalden. Vier
Ritter / Andelaw / Weissenbach / Frawenberg / Strundeck. Vier
Stedt / Auspurg / Metz / Ache / Lübeck. Vier Dörffer / Bamberg
/ Vlm / Hagenaw / Schledtstedt. Vier Bawern / Köllen / Regens-
burg / Costnitz / Saltzburg. Dis ist des Reichs orgnung / darem
gehören Bawren vnd Bürger / Edel vnd vnedel. Es seind aber in
den vier Dörffern gar stoltze Bawren / es solten auch dieselbigen
Bawren vmb eins Fürsten willen nicht gern auffstehn / es gelüste
sie denn gar wol. Aber wol gefellet mirs / das wir in dem stück noch
halten vnser vorfaren namen vnd Recht.

Da Adam reutte / vnnd Eua span / Wer war da ein Edelman?

Dis sprüchwort beweiset / das weil wir Adams kinder seind / vnnd Adam den acker gebawet vnd die Erden / Vnd vnser mutter Eua gespunnen / das wir derselbigen geburt halben von Adam gleich edel seind / vnnd keiner besser denn der ander.

...

In Deutschen landen haben wir ein solchen brauch / das alle herren kinder gleich herren seind / allem die hochgebornen Fürsten die Pfaltzgraffen vom Rein / halten den brauch den Gott geordnet hat / also / das der elteste Fürst regiere / vnnd die andern müssen sich dieweil an einem geringen genügen lassen / Vnd wölt Gott / es were also an allen orten. Denn zur vnterhaltung friedes vnd einigkeit were nichts bessers / sonst wo ein Land mit viel herren beladen wird / die alle gleich recht vnnd Regiment haben / da mus des Lands verderben folgen. Es haben die Weisen gefragt / welchs aus beyden des fürnembste sey / von edlen eltern geborn sein / vnd viel edler thaten gethan haben / ausserhalb der edlen geburt / vnd geschlossen / das der edel sey / der adelich gebaret / vnnd viel redlicher thaten thut / er sey von edlen Eltern / oder von geringen leuten geboren. Die vrsach aber dieses schluss ist diese / Wer von edlen Eltern geboren ist / der hat nichts das sein ist / sondern es wird seiner Eltern tugend vnnd adel gerhümet vnd gepreiset. War ists / Ein Eule hecket kein Blawfus. Es ist ein vortheil / von edlen Eltern geboren werden / ja wo der nachfolger sich helt nach seiner eltern tugend vnd erbarkeit / sonst ists viel mehr schande / von frommen redlichen leuten geboren sein / vnnd nichts thun / das jrer tugend gleichen mag. Kein vogel thut in sein eigen nest / allein der Widhopff. Also thut auch der / der seiner Eltern fusstapffen nicht folget / sondern vnehret seiner Eltern tugend.

Tugend macht edel / aber edel macht nicht tugend.

Rom ward in eim jar nicht erbawet.

Das ist / grosse ding werden von kleinem anfang / darumb sol niemand verzagen / ob der anfang gering ist. Rom ist also gros gewesen / das sie sieben Deutscher meil vmbfangen hette. An dem ort ist etwan nichts gewesen / so hat man erstlich wenig steine / wenig holtz / wenig leute da gefunden / die gebawet haben / noch ist es gleich wol gros worden / aber nicht in einem jar / sondern mit der zeit / von jare zu jare. Wenn wir nun jemand trösten in seinen sachen / die nicht frisch fürtfahren / sondern langsam zugehn / sagen wir / Lieber las dir der weile / verzage darumb nicht / es wird wol naher gehn / Rom ist in einem jare nit gebawet / Gut ding wil weile haben.

Wo einigkeit ist da wohnet Gott.

Gott ist ein Gott des friedes / sagt S. Paul / nicht Gott der zwitracht / darumb wil er auch nicht / das man vnfriede mit jemand haben sol / sonderlich in der lere vom glauben vnd der seligkeit / vnd im fall / das sich jemand in der lere nicht wil weisen lassen / sonder bringt jmmer newe zenckische fragen herfür / zu dem sagt S. Paul / Das er wissen sol / die Kirche habe keinen solchen brauch zu zancken / sie predigt einfeltig / vnd gleubt auch einfeltig.

...

Gott hat vmb eusserliches friedens willen das Weltlich Schwerdt eingesetzt / vnd auff das eusserlich die Leute in einigkeit leben mögen / vnd jre Kinder ziehen / so erleubet er einen Mörder den Kopff abzuschlagen / welches er sonst straffen wil / Damit Gott beweise / wie grossen gefallen er am friede habe. Wo Man vnd Weib einig sind / da müssen sie gedeien / Wo sie aber hefen bricht vnd er krüge / so ist das gedeien aus / vnd mus eitel vnrath daraus folgen.

...

Einigkeit besteht in dem / das eins des andern feil tragen helff / dieweil doch niemand on mangel ist. Sonst wo eines wil besser vnnd höher sein denn das ander / so wird vnfried vnd alles vnglück.

...

Ein vater kan eh zehen kinder ernehren / denn zehen kinder einen vater.

Kinder empfangen / geberen / nehren vnd auffziehen / sind eitel grosse Gottes wunder vnd mirackel / also auch / das kein grösser wunder auff erden geschehen mag / denn das ein mensch / der ein vernünfftige seel hat / vom andern sol geboren werden / Vnd wenn wir schon nichts von Gott wüsten / so solt doch dis gnug sein / dadurch seine macht vnd güte zuerkenen. Denn also bald der mensch geschaffen was / wie Moses schreibt / mann vnd weib / da sagt er / Wachset vnd mehret euch / das ist der recht segen vber vater vnd mutter / dadurch sie nicht zehen / sonder hundert kinder ernehren köndten / wenn sie sie hetten.
...
Er wölle nicht allein nehren / sonder auch sie sehen lassen / die frucht vnd erben jres leibs. Zu dem / so geusst er in die natur ein solche gunst zu den kindern / das die eltern die kinder lieber haben / denn sich selbs / vnd wo sie nicht kinder hetten / würden sie nicht also schaffen / sorgen / vnd arbeiten. Die kinder aber wenn sie nu erwachsen sind / gehen mit jrer liebe vnter sich nicht vber sich / daher es auch kompt / das die kinder die eltern nit so lieb haben / als die eltern die kinder / Vnd ist war / Ein Vater kan ehe zehen kinder ernehren / denn zehen kinder ein vater. Der vater thut es mit willen / vnd helt den kindern allen vnfug mit willen zu gut / Die kinder aber thun der keins / wöllen der Eltern schwacheit vnd kindheit nicht tragen / oder für gut haben / wiewol jnen jre torheit oder kindheit von jnen freundlich erzogen vnd gehalten ist worden / vnd eben darumb das es nicht geschicht / gebeut Gott den kindern / den eltern darff ers nicht gebieten / sie thun es sonst on gebot / Ehre vater vnd Mutter / thue jnen was sie dir gethan haben. Da du ein kind warest / sorgten sie für dich / vnd nehreten dich / trugen deinen gestanck vnd vnlust / darumb thue jnen auch also / wenn sie nu vor alter kinder werden.

45

Wie einer handelt so sagt mans jm nach.

Dis ist ein wehr wort / damit sich einer schützen mag wenn er was geredt hat / das man jm fürhebt / also / Du sagest das von dem vnd jenem / du soltest es nicht thun. Ey lieber / warumb solt ichs nicht thun? wie einer handelt / so sagt man jm nach / handelet er anders / so redte ich anders / ich kan ja einen schalck nicht from / vnd einen fromen schalck nennen / ich wolt jnen denn beyden vnrecht thun.

Ein handwerck hat einen gülden boden.

Als gemein als dis wort ist / also war ist es / Denn wer ein gemein handwerck kan / vnd treibts mit fleis / den nehret es / es sey so gering als es wölle. Es ist aber die vrsach / das vnser Herrgott eines jeglichen arbeit segnet. Denn da er spricht zu Adam / In dem schweis deines angesichts soltu dein brodt essen / segnet er Adams arbeit / nemlich er sol brodt daruon haben / vnd sol daruon ernehrt werden. Der ackerbaw ist dieselb arbeit die dem Menschen ist auffgelegt / vnd dieselbige arbeit sol den menschen nehren. Nun kan der ackerman nicht pflügen / er habe denn reder / pflüge / pflugschare / pferde / riemen / strick / sattel / zaum / einen rock / einen beltz / einen trunck bier oder wein / ein brodt / ein haus / etc.

Darumb sind aller der arbeit von Gott gesegnet / die dem ackerman dienen / als da sind radmacher / schmiede / riemer / seyler / sattler / schneyder / kürschner / brawer / becken / Zimmerleut / vnd allerley handwerck.

Sol der ackerman friedlich vnd gerüglich den acker bawen / vnnd die handwercker jm dienen / so mus man ein Oberkeit haben / die jnen frieden vnd recht schaffe / Darumb ist auch der Fürsten vnd Herren / vnd aller Regenten mühe / vleis vnd arbeit / hoch von Gott gesegnet / vnnd ist also war / das ein handwerck ein gülden boden hat / des segens halben / damit Gott eines jelichen menschen beruff vnnd arbeit / die er dem ackerman zu dienst vnd zu gut thut / begabet vnnd gesegnet hat.

...

Ich hab einen guten stein im bret.

Das ist aber ein Deutsche Metaphora / wer auff dem spiel einen guten bundt im bret hat / darüber ein ander seine stein spielen mus / der hat das spiel halb gewunnen. Also auch / wer vor grossen herren vnd Rheten zu schaffen hat / vnnd hat jemand der sein sach trewlich fordert vnd treibt / der hat ein guten stein im bret einen guten freunde / der jm zu seiner sachen reth vnd hilffet.

Die Todten sol man ruhen lassen.

Der Todten sol man in keim bösen gedencken / Es ist vnmenschlich vnd vnehrlich der Todten vbel zugedencken / sintemal sie sich nicht entschüldigen oder verantworten können / darumb wenn jemand anhebt der Todten zu gedencken / so straffen wir jn / vnd sagen / Ach las die Todten ruhen / denn lebt er noch / du würdest vielleicht stillschweigen.

Vor essens wird kein tantz.

Es ist droben gemeldet / Auff einem vollen bauch steht ein frölich haupt / vnd freudt kompt von einem guten bissen vnd trunck / dadurch die glieder erwermet / vnd der leib starck wird / darumb wird kein freud vor essens. Wir brauchens auch also / ich sol einem dienen / aber nicht on gelt oder geschenck. Er fordert mich an geschenck / so sag ich / Es wird vor essens kein tantz / ich thue es nit eh / er schick mir denn / das er mir hat zugesagt.

**Vnd wenn man einer saw ein gülden stück anzöge /
so legt sie sich doch mitten in dreck.**

Einen vnlüstigen / vnfletigen menschen heissen wir ein saw / vnd
nicht vnbillich / denn Gott hat dem menschen vernunfft / hend /
füsse / vnd fünff sinn gegeben / das er jr zu seines leibes
vnterhaltung vnnd reinigkeit brauchen sol.
...
Wenn aber jemand so sewisch vnnd vnlustig ist / das er nicht lust
hat jm selbs gut zu thun / der ist ein saw / vnd legt sich in den dreck
/ wie der sew art ist. Wenn die saw auff dz (das) hübschte
gewasschen / weis vnd rein ist / so ist das jr beste lust / das sie sich
in kot leget / da es am tieffesten ist.
...

51

Gut ding wil weil haben.

Droben ist gesagt / Es ist besser zweymal gemessen / denn ein mal
das best vergessen. Item / Was bald wird / vergeht auch bald / das
beweisen alle Creaturn.

...

Der mensch aller ding herre / wie schwach ist der? was kostet es
mühe / eh er erzogen wird / vnd mehr denn kein thier / auff das
es war sey / Gut ding wil weil haben. Wir brauchen dieses worts
zum spot / als wenn ein meister etwas zurichtet / vnd verzeugt lang
damit / vielleicht aus vergessenheit oder faulheit / vnd köndte es
wol eh fertigen / so sagen wir zu denen / die vns fragen / wie es
komme / das es nicht fort gehe? Ey lieber / Gut ding wil weil haben.
Wir brauchen es auch zum guten / nemlich wie angezeigt / das der
was redlich thun sol / viel für gedancken vnd räthe / anschlege /
schreibens / gedenckens vnd wirckens haben mus.

...

Ein narr ist darumb ein narr / das er redet was jm einfellt. Ein
weiser helt an sich / vnd redet mit vernunfft / vnterscheidet zeit /
stunde / Person vnd stelle / denn gut ding wil weil haben.

Alter schadet zur thorheit nit.

Alter hilffet nit für torheit / denn wenn alte menner in die bulerey vnd weiberlieb geraten / so werden sie gar zu narren / ja sie fressen die narren gar / wie die tegliche erfarung leret. Villeicht ist das die vrsach / das es jnen vbel ansteht / dieweil sie vber die zeit / welch solche kurtzweil mitbringt / komen sind. Jungen leuten zimet es bas / denn alten. Marcus Cicero schreibt / Wiewol weiber lieb allen leuten vnehrlich ist / so ist sie doch dem alter am vnehrlichsten / denn es nicht natur vnd notturfft / sonder fürwitz vnd bosheit.

Wir mussen die spruchwörter erretten.

Volkstümliche Redewendungen
von
Martin Luther

Der Teuffel ist auch den spruchwortern feindt.
Drumb hat er seinen geiffer dran geschmirt, wie
ein vil spruch der schriefft, damit ers mitt seim spott
verdechtig machte vnd die leut davon furet. Wir
mussen aber den Teuffels dreck darvon thun vnd die
spruchwörtter erretten.

Wan junge kinder wol schreihen, wachsen sie sehre.

Gott mit uns, der Teuffel hole die andern!

Wenn nur zween Menschen Nasen hätten, so hielte man
sie fur Monstra und Ungeheure, weil wir aber alle rotzig
und schlammig sind, so macht uns die Nase demüthig.
Darnach bedenke man auch daneben des Bauchs und des
Hinterns Gaben, wie nöthig sie seyen,
als ohne welche wir nicht könnten leben.
Ein Mensch kann leben ohne Augen, Ohren, Hände,
Füsse, aber ohne den Ars, mit Züchten zu reden, kann
kein Mensch leben.

Mancher verleuret das gewiſſe uber dem ungewiſſen.

❧

Denn zween hane auff einer miſten leiden ſich nicht.

❧

Und wer langſam kumbt, dem geredts am reſchten.

❧

Wer dem andern vom galgen hilfft,
den brecht der ſelb gern hinan.

❧

Hüt dich vor bösen Nachbarn oder schicke dich
auff Gedult, wiltu bey leuten wonen.

Wenn der Wolff wil, so ist das Lamb unrecht.

Er henck den mantel nach dem wind.

Es ist mit Herrn nicht gut Kirsschen essen,
sie werffen einen mit den Stielen.

Wir alle mussen leregelts geben
vnd mit schaden klug werden.

Zu vermeiden grössere Sünde, mus man kleinere zulassen.

Heubtwehe vnd Hertzleid sind die grösten Anfechtungen
vnd Kranckheiten fur allen andern Schmertzen.

❧

Er meinet, sein Dreck stinke alleine.

❧

Hilff frome Leute mehren, der Bösen ist sonst zu viel.

❧

Wer das wenige verschmahet, dem wird das Grösser
nicht. Wer zuviel haben wil, der behelt zu letzt nichts.

❧

Wo Fewer vnd Stro bey einander ligt,
da ists gar bald entbrand.

❧

Narren waschen allzeit mehr denn weisen.

❧

Guter muth ist halber leib.

❧

Mägdlin lernen ehe reden und gehen denn knäblin; denn
unkraut wächst allzeit ehe heraus denn das gute. Also
werden Jungfrauen auch ehe reif zu freien denn Gesellen.

❧

Ach / Wie sind wir Menschen so mancherley
Kranckheiten vnterworffen in diesem sterblichen Leibe /
Wir erfaren vnd sehen
schier nichts anders / denn eitel Kranckheiten / So viel
Glieder am Leibe sind / so viel sind auch Kranckheiten.

❧

Man darf den Teuffel nicht uber die Thür malen.
Er findet sich wol selbs.

Mit schweigen wird viel verantwortet.

Welchen hund der knutel trifft, der schriet.

Man solte den alten Rock nicht eher wegwerffen,
man habe denn einen newen.

Darumb wollt ich auch wünschen, daß alle meine bücher
neun Ellen in die Erde begraben würden um des bösen
Exempels Willen, daß mir sonst ein jglicher
will nachfolgen mit viel Bücher schreiben,
dadurch einer denn will berühmet sein.

❧

Gutte tag konnen wir nicht tragen, bose konnen wir nitt
leiden. Gibt er reichtumb, so stoltzir wir; gibt er armut,
so verzagen wir.

❧

Der essig wird nicht ehr sawer,
denn wen ehr im topf kumpt.

❧

Summa, die Welt kann der Schreiber nicht entbehren,
ja, durch dieselbigen wird sie regieret.

❧

Es gehen viel wort ynn einen sack.

❧

Männer haben eine breite Brust und kleine Hüften,
darum haben sie auch mehr verstandes denn die Weiber,
welche enge Brüste haben und breite Hüften und Gesäß,
daß sie solln daheim bleiben, im Hause still sitzen,
haushalten, Kinder tragen und ziehen.

Der welt lauff ist: wer Frum sein will, der mus leiden,
solt man eine Sache vom alten Zaun brechen,
Denn Gewalt gehet für Recht.

Sie werden ja nicht so hoch hinaus singen,
wie sie es angefangen haben.

Es werden noch alle menschen drucker werden!
Man druckt woll so vill bucher.... Narren seins!

Man mus ein grobe axt tzu den klotzern nemen.

Der Teufel hat uns das Bier in aller Welt mit Pech
verderbet, und bei euch den Wein mit Schwefel.

❧

Die zung ist ein welt voller boßheit.

❧

Jung gewon alt gethan.

❧

Ein kleiner vortheil macht einen grossen schalckh.

❧

Kummernis verursacht Leibliche Kranckheit.

❧

Wer gern lachet, der kutzelt sich selbs, also auch, wer
gern leuget, der mus auch liegen,
wenn er die Wahrheit sagt.

❧

Wem das kleine verschmaht wird das grosser nicht.
Der katzen spiel, ist der meuse tod.

❧

Ohne den Ars kan kein Mensch leben.

❧

Viel hende machen leicht erbeit.

❧

Sie ist muhe vnd erbeit verlorn.

❧

Er nympt kein blat furs maul.

❧

So doch das naturlich gesetz sagt:
Was wyr uns wollen vnd gonnen, sollen wyr auch
unserem nehisten wollen vnd gonnen.

❧

Die druckerey ist die letzte flamme
vor dem auslefchen der welt.

❧

Ein vatter kan bas zehen kinder ernheren
den zehen kinder einen vatter.

❧

Das ist ein weiser Man,
der sich an eines andern Unfal bessern kan.

❧

Eine krahe hack der ander kein auge aus.

❧

Stille wasser tieff

Was die alten thun, das lernen die iungen

Fersen gellt geben

Das spiel wil sich machen

Wers gluck hat furet die braut heym

Wer ehe kompt der melet ehe

Guter rat, kam nie zu spat

Wo tauben sind, da fliegen tauben zu

Wer einen pfennig nicht acht, wird keines guld herr

☙

Wer den schaden hat, darff fur spott nich

☙

Ich sehe dirs an dein aügen an

☙

Inn einen saurapffel beissen

☙

Ein riegel dafur zihen, schieben

☙

Alder hilfft nicht fur torheit

☙

Ein Wort ist an kein keten gebunden

☙

Wie ein katze vmb den brey

☙

Dich wird nach der sonnen frieren

Gut ding wil weil haben

Kurtz vnd gut

Verraten vnd verkaufft

Aus den aũgen, aus dem hertzen

Ey ist kluger denn die henne

Im sacke keuffen

Kein blat fur das maul nemen

Wer bey den wolffen sein wil, mus mit yhn heülen

Feur ym arse

Wens ende gut ist, so ists alles gut

Nachbemerkungen

„Meiner lieben Hausfrauen Katherin Lutherin, Doctorin. Saumärktin zu Wittenberg meiner gnädigen Frauen zu Handen und Fußen ...
liebe Käthe ... Der Teufel hat uns das Bier in aller Welt mit Pech verderbet, und bei Euch den Wein mit Schwefel. Aber hie ist der Wein rein...

Dein Liebichen Martinus Luther D."
Eisleben, 7. Februar 1546

Der Reformator Dr. Martin Luther schrieb aus Eisleben wenige Tage vor seinem Tod voller Innigkeit an Katharina nach Wittenberg. Auch noch in diesen letzten Schaffenszeugnissen wird die nicht zu übertreffende plastische Anschaulichkeit von Luthers Sprachschaffen deutlich. Im „Sendbrief vom Dolmetschen" (1530) nennt er die Wurzeln für seine volkstümlich-anschauliche Sprache, weil er „völlige Deudsche klare rede" geben wolle: „... denn man mus nicht die buchstaben jnn der Lateinischen sprachen fragen / wie man sol Deudsch reden / wie diese Esel thun / Sondern man muß die mutter jhm hause / die kinder auff der gassen / den gemeinen man auff dem marckt drumb fragen / vund denselbigen auff das maul sehen / wie sie reden / vnd darnach dolmetschen / so verstehen sie es denn ..." (WA 30, 637).
Die stilistische Meisterschaft Luthers, die klare und wirkungsvolle Kraft seines Wortes in Bibelübersetzung, Lied und Predigt fand Aufnahme im Sprachschatz des Volkes, wurde über Generationen bewahrt und ist noch heute lebendig, wie eben der Satz aus einem seiner letzten Briefe: „Der Teufel hat uns das Bier in aller Welt mit Pech verderbet, und bei Euch den Wein mit Schwefel".
Das Gedenken anläßlich seines 450. Todestages soll uns in der Stadt, in der Luther am 10. November 1483 geboren wurde und in der sich der Kreis seines Lebens für ihn in seltsamer Fügung Gottes am 18. Februar 1546 schloß, Anlaß sein, auf diese Seite

seines vielfältigen Schaffen hinzuweisen, daran zu erinnern, daß wir in unserer Umgangssprache volkstümliche Redewendungen, die auf Martin Luther zurückgehen, vielfältig benutzen.

Die Sprichwörter bilden bei Luther eine eigene Kategorie. In seiner Auslegung des 101. Psalms, die als „eine der besten Schriften in deutscher Sprache" (Thiele WA 51,637) bezeichnet wird, sind etwa 170 Sprichwörter enthalten.

Die Geschichte des Sprichwortes beginnt jedoch lange vor Luthers Zeit. Auch aus seiner Mansfelder Heimat empfing der Reformator dafür viele wichtige Impulse. Bedienten sich doch bereits die berühmten Nonnen des Klosters Helfta im 13 Jh. – das Zisterzienserinnen Kloster war während dieser Zeit eine der geistesgeschichtlich bedeutsamsten Stätten Deutschlands und Brunnenstube der deutschen Mystik – einer Sprache von erstaunlicher Dynamik, Emotionalität und Bildhaftigkeit, die Luthers „wes das Herz voll ist, des geht der Mund über" gleichsam vorweg nimmt. Ebenso angeregt wurde er von der schlichten und innigen Frömmigkeit der Mystik, die sich auf Christus und die Gnade berief.

Auch ein weiteres berühmtes Werk enthält bis in unsere Tage gültige Redewendungen. Eike von Repkow nennt in seinem Sachsenspiegel (um 1230) als konkrete Rechtsbestimmung mittelalterlicher Vorfahrtsregeln für den Verkehr auf engen Straßen und Brücken: „Wer zuerst zur Mühle kommt, soll zuerst mahlen". Bei Luther heißt der Satz „Wer ehe kompt der mehlet ehe".

Martin Luther hat um 1530 damit begonnen, eine eigene Sprichwortsammlung anzulegen, die er lediglich als Arbeitsmittel benutzte, denn sie war nicht einmal seinen engen Vertrauten bekannt. Der berühmte Lutherbiograf Johannes Mathesius (1504 bis 1565), der häufig an Luthers Tisch Gast war, berichtet zwar über Luthers Interesse an Sprichwörtern, aber er wünscht sich einen Sammler für dessen Sprichwörter. In seinem noch heute wichtigen Werk „Luthers Leben in Predigten" schreibt Mathesius: „Wir wöllen dißmals beschliessen / Gott wird ein mal einen erwecken / der diß theuren Mannes spüch / gleichnus / sprichwörter / reim / historien / vnd andere zufell vnd guten bericht zusamen lese / wie es für die Deutschen ein sehr schön buch were / wenn zumal vnser Keyser / Könige / Fürsten vnd

Herrn weyse vnnd vernünfftige sprüche darzu kemen".(zitiert nach Johannes Mathesius, Ausgewählte Werke, 3.Bd.: Luthers Leben in Predigten, hg. von Georg Loesche, Prag 1898, S. 296 f.) Luthers handschriftliche Sprichwörtersammlung – ein 40 Seiten starkes Oktavheft von der Gööße 10,5 x 14 cm – befindet sich seit dem 19. Jh. in der Biblitheca Bodleiana zu Oxford. Die erschöpfendste Veröffentlichung dazu ist noch immer: „Luthers Sprichwörtersammlung. Nach seiner Handschrift zum ersten Male herausgegeben und mit Anmerkungen versehen von Ernst Thiele, Prediger in Magdeburg, Weimar 1900".

Das 16. Jh. wurde nicht nur durch Martin Luther zu einem Höhepunkt der Sprichwörter und sprichwörtlichen Redewendungen. Der Reformator konnte auf umfangreiche zeitgenössische Sammlungen zurückgreifen. So wurde für die nachfolgenden deutschen Sprichwörter die aus der antiken Literatur schöpfende Sammlung „Adagiorum Collectanea" (1500, 1508, 1515 ff.) des führenden Kopfes des europäischen Humanismus Erasmus von Rotterdam bedeutsam.

Vielleicht war es jedoch ein weiterer berühmter Gelehrter aus Eisleben, der neben Luthers Übersetzungen der Äsop-Fabeln den Anstoß für dessen Sprichwortsammlung gab. Johann Agricola, oft Magister Eisleben genannt, gebührt das Verdienst, als erster eine umfassende und sehr einflußreiche deutsche Sprichwörtersammlung vorgelegt und kommentiert zu haben. 1529 erschien seine Sammlung „Drey hundert Gemeyner Sprichworter der wir Deutschen vns gebrauchen, vnd doch nicht wissen woher sie kommen". Erst zwölf Jahre später erschien die heute bekanntere Sammlung Sebastian Franckes (1499–1542 oder 1543) „Sprichwörter, Schöne, Weise, Herrliche Klugreden, vnnd Hoffsprüch, Darinnen der alten vnd nachkommen, aller nationen und sprachen gröste vernunfft und klugheyt. Zusammen tragen in ettlich Tausent, In lustig höflich Teutsch bekürtzt, Beschriben vnnd außgelegt".

Johann Agricola, mit bürgerlichem Namen eigentlich Scheider oder Schnitter, 1494 (?) in Eisleben geboren, wurde bald glühender Anhänger von Martin Luther und seinem reformatorischen Werk. Auf Luthers Anregung begann Agricola, in Wittenberg Theologie zu studieren, und am 12. April 1523 verkündet Luther „Magister Islebius" werde am nächsten Tage predigen. Viele Wegstationen gingen die beiden Theologen gemeinsam. So war Agricola sowohl beim Thesenanschlag als auch bei der Verbrennung der Bannandrohungsbulle zugegen. Während der Leipziger Disputation 1519 war Agricola Luthers Schriftführer.

In das freundschaftliche Verhältnis wurde bald Philipp Melanchthon (1497–1560) mit einbezogen. Beide erwarben 1519 gemeinsam das theologische Bakkalaureat, heirateten im gleichen Jahr (1520) und erweiterten den familiären Umgang später auch auf die Familie Luthers.

1524 erschien Martin Luthers erste ausführliche pädagogische Schrift „An die Ratsherren aller Städte deutschen Lands, daß sie christliche Schulen aufrichten und halten sollen". Neben den Städten Magdeburg, Nordhausen, Halberstadt und Gotha war es im August 1525 Luthers Geburtsort Eisleben, in dem eine Schule eingerichtet wurde. Ihr erster Rektor und gleichzeitig Prediger an St. Nicolai war Johann Agricola.

Agricola predigte mit großem Erfolg vor den Pfarren im Mansfelder Land, schuf die erste evangelische Schulordnung, sein Psalmlied „Fröhlich wollen wir Halleluja singen" wurde ebenso wie sein Choral „Ich ruf zu dir, Herr Jesu Christ" in das erste Wittenberger Gemeindegesangbuch aufgenommen.

Nach der Rückkehr in seine Heimatstadt wird der freundschaftliche Verkehr der Familien fortgesetzt. So tröstet z. B. Luther die Frau Agricolas während einer Krankheit in einem herzlichen Schreiben:

„Der Ehrhaftigenn vnd tugentsamen frauen Elizabeth Agricola, Schulmeistern zu Eisleben, meiner liebenn freunden.

... Du mußt aber nicht so kleinmutig vnd zcage sein, sondern dencken, daß Christus nahe ist vnd hilfft dir dein vbel tragenn... Grusse deinen Magister, vnd alle deinen von vnser aller wegenn. Am Pfingstmontage 1527.

Marthinus Luther."
(WA Br.4, S. 210 ff.)

Magister Eisleben, von Luther – wohl wegen seines kleinen Wuchses – auch Grickel genannt, blieb noch neun Jahre in seinem Heimatort als Schulrektor, begleitete den sächsischen Kurfürsten Johann den Beständigen (1525–1532) als Prediger zu den Reichstagen, setzte sich mit dem Doppelkonvertiten Georg Witzel an der St.Andreaskirche auseinander und verfaßte zahlreiche eigene Schriften.

1536 verwirklicht sich Agricolas Wunsch, wieder nach Wittenberg in das Zentrum der Reformation zurückzukehren. Seine ganze Familie wird von Luther aufgenommen. Agricola selbst beteiligte sich an den Vorverhandlungen zu den „Schmalkaldischen Artikeln" und unterschrieb diese vorbehaltlos. Während Luthers Reise nach Schmalkalden vertraut er Agricola in Wittenberg Lehre, Kanzel, Weib und Kind an, nachdem er ihn bereits 1529 gegenüber dem Grafen Albrecht von Mansfeld verteidigt hatte: „Was nu E.G. gegen M. Eisleben tun soll, mögen sie meine Meinung aus solcher gestelleten Form wohl vernehmen. Was will ihm der von Würtemberg tun? Man weiß ja wohl, daß er durchs Reichs Urteil in die Acht getan und verjagt, darumb tut ihn M. Eisleben nichts Unrechtes, ja er schonet sein fast. Wäre diese Sache mein, der Teufel sollt sie bescheißen allesampt, ..."(WA, Br. 5, S. 149). Trotz aller Verbundenheit endete 1537 die Freundschaft zwischen Luther, Melanchthon und Agricola. Sie zerbrach im sog. Antinomerstreit, bei dem Agricola nicht von seiner Meinung abging, wahre Buße käme aus dem Glauben und nicht aus dem Gesetz. Dieser innerlutherische Streit um Gesetz und Evangelium soll hier nicht erörtert werden, führte aber dazu, daß Luther bis an sein Lebensende über den Magister Eisleben verbittert war und sich in seinen Tischreden 1538 über Grickel äußerte: „Ich hab den Menschen für meinen treuesten Freund gehalten, er hat mich aber mit seinen Tücken so betrübet, daß ich ihn nimmermehr kann wieder zu einem treuen Freund annehmen und will in Kürze wider ihn schreiben, deß mag er sich versehehn! Denn da ist keine Buße; er ist ein kühner, unverschämter Mensch!" (WA,TR 4,S. 173). Johann Agricola hat bereits fünf Jahre nach Erscheinen seiner ersten Sprichwortsammlung eine erweiterte Sammlung herausgegeben: „Sybenhundertvndfünffzig Teutscher Sprichwörter". Wie Luther beruft sich Magister Eisleben auf mittelalterliche Meister. Von besonderer Bedeutung für ihn war das Werk Freidanks (mhd. Vridanc), eines Fahrenden aus Schwaben oder Tirol, der wohl 1233 auf einer Reise in Padua starb. Freidank verfaßte ein Lehrgedicht „Bescheidenheit", das volkstümliche prägnant formulierte Sprichwörter, Fabeln und kurze Erzählungen enthält. Es ist sowohl der Bibel als auch antiken Schriftstellern verpflichtet. Sich großer Beliebtheit erfreuend galt es als „weltliche Bibel" und wurde 1508 von Sebastian Brant (1457 oder 1458–1521), dem berühmten Verfasser des „Narrenschiffes", neu herausgegeben.

Verpflichtet ist Agricola auch dem mittelhochdeutschen „Renner" des Hugo von Trimmberg (1230–1313 ?). Der „Renner", ein um 1296–1309 entstandenes Versepos, ist als weitausmalende, allegorische Moralpredigt gegen die Sündhaftigkeit angelegt.

Martin Luther ließ die Sprichwortsammlungen Agricolas nicht uneingeschränkt gelten. Er empört sich über den „großmäuligen Grickel"und verurteilt, was ihm unzüchtig erscheint und nur der Belustigung dient:

„Es ist ein fein Ding umb proverbia germanica undt sind starckhe Beweinung; unndt were fein, so sie einer zusammen gelessen hette. M. Grickel hat nur possen unndt fluch zusamen gelessen, domit er gelechter macht; man mus die besten nemen, die ein ansehen haben. Der Teuffel ist den Sprichworte feindt." (zitiert nach Thiele, 1900, S. XVII).

In Luthers Redewendungen spielt der Teufel eine erhebliche Rolle. Er bemüht sich, seine eigene Sprichwortsammlung zu reinigen und den „Teufelsdreck" daraus zu entfernen.

Zwanzig Jahre verbinden Martin Luther und Johann Agricola eine tiefe Verbundenheit. Ähnlich wie Justus Jonas, Johannes Bugenhagen oder Thomas Müntzer war Agricola zunächst glühender Anhänger Luthers, brachte dann aber im Verlaufe der Reformation wie die anderen Weggefährten Luthers auch eigene Akzente ein. Ihr Lutherverständnis allerdings wurde zum Maßstab für die Beurteilung ihrer Lebensleistung. Deutlich wird im späteren Verhältnis Martin Luthers und Johann Agricolas auch, wen einmal Luther mit einem Verdikt belegt und das ist bei „Magister Islebius" mit deutlicher Schärfe geschehen, der wurde in der Reformationsgeschichte wenig beachtet. So sind die Sprichwörter Agricolas selten wieder aufgelegt, geschweige denn seine anderen Werke beachtet.

Das vorliegende Büchlein gestattet nur eine kleine subjektive Auswahl aus dem reichen Sprichwörterschatz Luthers und Agricolas.

Die Sprichwortsammlung Luthers folgt „D. Martin Luthers Werke: kritische Gesamtausgabe. Weimar 1883 ff." (WA), während die Sprichwörter Agricolas in der Ausgabe „Sibenhundert vnd funfftzig Deutscher Sprüchwörter, Wittenberg, 1578", die zur reformationsgeschichtlichen Sammlung der Lutherstätten und Museen der Lutherstadt Eisleben gehört, zu finden sind.

R. Knape

Inhalt

Die Deutsche Bibliothek - CIP-Einheitsaufnahme

Wir mussen die Spruchwörter erretten : Sprichwörter und
volkstümliche Redewendungen / [Hrsg.: Lutherstätten und Museen
der Lutherstadt Eisleben]. Von Johannes Agricola und Martin Luther.
Ausgew. und bearb. von Rose-Marie Knape und Gunter Müller. -
Halle ; Zürich : Stekovics, 1996
ISBN 3-929330-55-5

NE: Agricola, Johannes; Luther, Martin; Knape, Rose-Marie [Bearb.];
Lutherstätten und Museen <Eisleben>

Wir muſſen die ſpruchwörter erretten.

Sprichwörter und volkstümliche Redewendungen
von Johannes Agricola und Martin Luther
Ausgewählt und bearbeitet von
Rose-Marie Knape und Gunter Müller

Herausgeber: Lutherstadt Eisleben
Lutherstätten und Museen der Lutherstadt Eisleben
Vignetten: Elke Ligus
Lektorat: Roswitha Schmitt
Gesamtherstellung: STEKOFOTO (Halle)
© 1996 Verlag Janos Stekovics
Halle–Zürich
ISBN 3-929330-55-5